AF366601

Técnicas de planificación industrial y gestión de existencias

Luis Carlos Hernández Barrueco

Colección: Biblioteca de logística
Director: David Soler

AURUM 1C. Planificación industrial y gestión de existencias
1.ª edición, 2016

© 2016, Luis Carlos Hernández Barrueco
© de esta edición, incluido el diseño
de la cubierta, ICG Marge, SL

Edita: Marge Books
Avda. Alcalde Moix, 28 - 08207 Sabadell
(Barcelona)
Tel. 931 429 486 - marge@margebooks.com
www.margebooks.com

Gestión editorial: Hèctor Soler
Edición: Cristina Torres Murillo, Alba Megías
Villanueva, Jorge Baro Olivero
Compaginación: Mercedes Lara
Infografía: Martí Garcés

ISBN: 978-84-16171-12-5
Depósito Legal: B 9451-2016

Procedencia de las ilustraciones:
Archivo y fotografías del autor y:

Alfaland, 29a
Campus of excellence, 17a
Caprabo, 24a
Cimalsa, 26
DIA, 27b
Innovation Lab, 43a
Miguelez, 24b
MRW, 29
Norbert Dentressangle, 43b
Seat, 22

A mi mujer, Virginia, y a mis hijos, Markel y Heraitz

La excelencia es hacer cosas ordinarias extraordinariamente bien
John W. Gardner (político estadounidense)

Unidades temáticas 

Aurum 1A

Técnicas para la gestión financiera en logística

Aurum 1B

Técnicas para innovar y gestionar proyectos en logística

Aurum 1C

Técnicas de planificación industrial y gestión de existencias

Aurum 1D

Técnicas de cálculo con vehículos y unidades de transporte

Aurum 2E

Técnicas para reducir costos en operativas de transporte

Aurum 2F

Técnicas operativas en almacén

Aurum 2G

Técnicas y fórmulas de estiba de las mercancías

Aurum 2H

Técnicas para reducir costos en operativas especiales

Índice

El autor 11

Introducción 13

Aurum 1C
Técnicas de planificación industrial y gestión de existencias. 19
   La planificación industrial 20
   C1 ¿Qué actividades se deben gestionar en la planificación industrial? 21
   C2 ¿Qué es el control y la gestión de existencias? 22
   C3 ¿Cómo se calcula el consumo anual? 23
   C4 ¿Cómo se calcula el costo anual de adquisición? 24
   C5 ¿Cómo se calcula el costo anual de lanzamiento?. 25
   C6 ¿Cómo se calcula el costo anual de posesión?. 26
   C7 ¿Cómo se calcula el *stock* medio? 27
   C8 ¿Cómo se calcula el lote económico? 28
   C9 ¿Cómo se calcula el número de pedidos anual? 29
   C10 ¿Cómo se calcula el punto de pedido?. 30
   C11 ¿Cómo se calcula la cobertura de los *stocks?* 31
   C12 ¿Cómo se calcula el *stock* de seguridad sobre el nivel de servicio deseado? . 32
   C13 ¿Cómo se calcula el *stock* de seguridad según el plazo de aprovisionamiento? . 33
   C14 ¿Cómo se calculan otros tipos de *stock* relevantes?. 34
   C15 ¿Cómo se calcula el índice de rotación?. 35
   C16 ¿Cómo se calcula la capacidad de producción? 36
   C17 ¿Cómo se calcula el nivel de servicio? 37
   C18 ¿Qué es y cómo se calcula el sistema ABC? 38
   C19 ¿Cómo se aplica el sistema ABC en el diseño de almacenes? 39
   C20 ¿Qué es la lista de materiales y cómo se utiliza? 40
   C21 ¿Qué es el plan maestro de producción y cómo se realiza? 41
   C22 ¿Qué son las órdenes de aprovisionamiento? 42
   C23 ¿Qué es el MRP I y cómo se realiza? 43
   C24 ¿Qué es la planificación agregada de la producción y cómo se aplica?. . . . 44
   C25 ¿Qué es el MRP II y cómo se aplica? 45

Anexos 47
   Anexo c1. Ejemplo de BOM multinivel. 48
   Anexo c2. Ejemplo de orden de aprovisionamiento 49

El autor

Luis Carlos Hernández Barrueco (Vitoria, 1972) es licenciado en Ciencias Políticas por la Universidad del País Vasco. Cursó el Máster en Dirección Logística Integral (CSG), estudios de Comisario de Averías (Colegio Oficial de la Marina Mercante) y posee otros títulos relacionados con la Dirección Logística integral, Calidad, PRL y *Management.*

Tras veinte años de desempeño en el sector logístico, tiene experiencia en todos sus ámbitos, donde ha ocupado puestos de responsabilidad en empresas multinacionales, como jefe de planta en Steco–Allibert, adjunto al director de Operaciones en Norbert Dentressangle, director de Logística y Control de la Producción en Faurecia y responsable de Logística en Levantina y Asociados de Minerales.

El autor también ejerce como profesor de Logística y ha diseñado los campus virtuales *(e-learning)* de diversas escuelas de negocios. Es una figura relevante en la educación 3.0, con el empleo de tecnologías como la realidad aumentada o simuladores, campo donde realizó el primer curso de aprendizaje en línea con Google Glass y Epson Moverio BT200.

Introducción

La logística es un área profesional que engloba el transporte, el almacenaje, la distribución de productos, la planificación industrial y, en ocasiones, incluso las compras y el aprovisionamiento. Sin embargo, es una disciplina difícil de aprender porque apenas existe formación reglada sobre estas áreas (estudios universitarios, ciclos de formación profesional o de capacitación, por ejemplo), de modo que se transmite principalmente a través de seminarios, programas o másteres no estandarizados. Por lo general, esto supone una formación diferente en cada caso y sin un criterio común sobre el contenido necesario que hay que saber para desempeñar una determinada actividad.

Por otro lado, aunque en el aprendizaje de la logística tiene una gran relevancia la práctica, la mayor parte de la formación impartida es teórica, a través de clases magistrales, con lo que no se consigue ofrecer una visión global sobre ella.

Con la motivación de crear una metodología de aprendizaje innovadora en el ámbito logístico, basada en la **microformación,** se ha desarrollado el método AURUM. Esta es una **metodología didáctica,** organizada para dar cohesión a los diferentes y disgregados conocimientos que se precisan para llevar a cabo las distintas funciones logísticas, y así facilitar su aprendizaje mediante una sistemática progresiva. El soporte utilizado es, preferentemente, el aprendizaje visual y físico en el que se emplean, además, las tecnologías de la información y la comunicación.

Metodología AURUM

Los conocimientos sobre logística se pueden aprender y aplicar a través de **las técnicas, las tácticas y las estrategias.** Para el estudio y el perfeccionamiento de un conocimiento es necesario potenciar las técnicas relacionadas con la visión y la práctica. Para ello, hay que apoyarse en una formación que transmita un aprendizaje de estas técnicas y que dé paso a su aplicación conjunta mediante las tácticas apropiadas. Lo que se pretende es adquirir la destreza para su aplicación y llegar a un nuevo nivel: el del pensamiento estratégico, que abre las puertas a la innovación, a la redefinición de procesos y a la mejora de todos los conocimientos adquiridos.

La metodología AURUM se desarrolla en tres fases de aprendizaje y este libro forma parte de la primera fase, la de las técnicas. La segunda fase está destinada a las tácticas, que combinan diferentes técnicas, y la tercera está destinada a las estrategias, donde se aplican los conocimientos adquiridos en una orientación determinada.

A su vez, cada fase se expone a través de áreas de conocimiento agrupadas en torno a tres ejes temáticos:

- Innovación, planificación y gestión en logística.
- Operativas de transporte y almacén.
- Ejecución y medición del servicio.

Esta edición, presentada en forma de **fichas de microformación,** está dedicada al primer eje temático, donde se reúne un compendio de técnicas y fórmulas relacionadas con las siguientes áreas:

- Gestión financiera en logística.
- Innovación y gestión de proyectos.
- Planificación industrial y gestión de existencias.
- Cálculo con vehículos y unidades de transporte intermodal (UTI).

AURUM se plantea como una guía didáctica 3.0 con el apoyo de enlaces (códigos QR) con los que ampliar el conocimiento. En definitiva, AURUM es una metodología desarrollada para proporcionar las destrezas que se precisan para realizar el trabajo diario en logística.

Al final de esta introducción, se ofrece un ejercicio práctico con la finalidad de comprobar si las acciones que en él se describen, que son actividades logísticas, pertenecen al ámbito de las técnicas, las tácticas o las estrategias.

Técnicas	Tácticas	Estrategias
Son maneras de realizar una acción o un proceso. Las más eficientes o eficaces pasan a ser *las mejores prácticas.*	Son métodos de abordar un objetivo y que conllevan la aplicación de una o diversas técnicas.	Son planteamientos que marcan la orientación general de aplicación de las tácticas y técnicas hacia un enfoque determinado.

Áreas de conocimiento logístico

Las tres fases de aprendizaje de la metodología AURUM representan el conocimiento que es posible aplicar en los procesos logísticos. En estas tres fases se conectan e interactúan las áreas del trabajo diario, reunidas en torno a doce áreas de conocimiento, para facilitar su estudio conjunto.

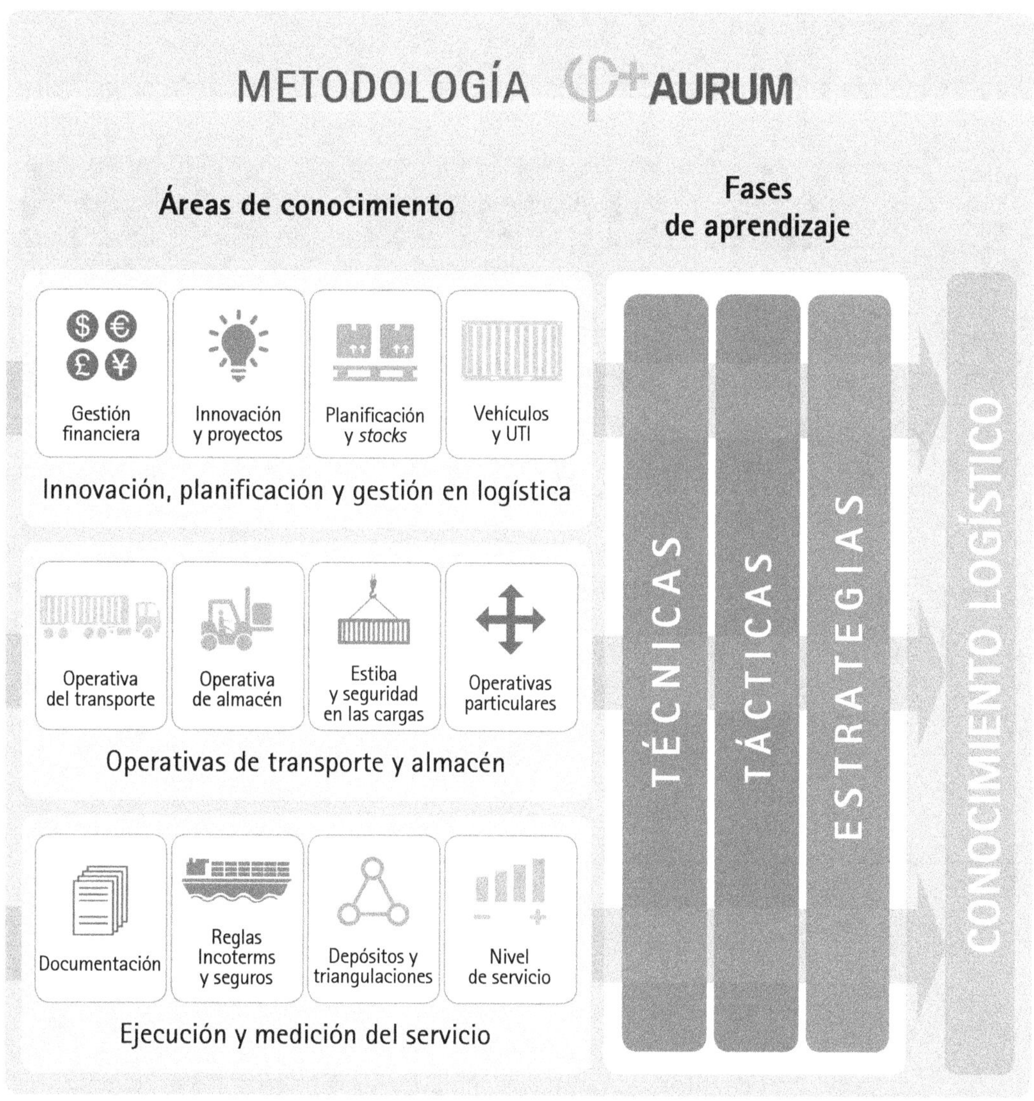

Fichas de microformación

La estructura de este libro responde a la metodología de aprendizaje AURUM. Se basa en la microformación, un sistema didáctico que permite que los contenidos se presenten en fichas independientes donde en cada una se aborda y resuelve un tema específico.

El contenido de cada ficha se presenta a su vez formando apartados que tratan la definición de cada tema, y ofrecen diferentes enfoques que facilitan la comprensión de procesos o aplicaciones y la asimilación de soluciones prácticas, ejemplos o fórmulas, entre otros aspectos clave.

Por este motivo, dependiendo de los temas que se tratan, cada ficha puede contener:

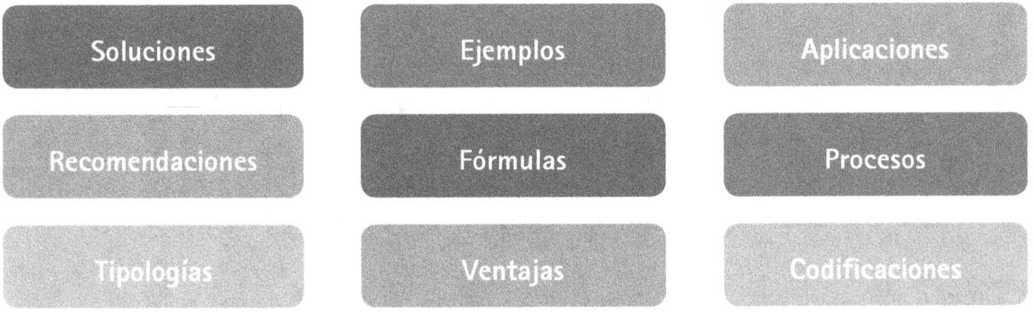

Asimismo, numerosas fichas se complementan con informaciones que permiten ampliar conocimientos específicos y enlaces a contenidos presentados en formato audiovisual:

 Información adicional de interés.

 Códigos QR con enlaces a internet.

 Las fichas de microformación presentan contenidos didácticos con un elevado nivel cualitativo. La metodología AURUM prioriza los aspectos significativos de la información y permite comprender con facilidad temáticas complejas.

Recomendaciones para la formación

Para impartir o recibir formación en cualquier área de conocimiento en logística bajo la metodología AURUM es conveniente tener en cuenta las siguientes recomendaciones didácticas:

Ítem	Metodología Aurum
Metodología didáctica	Actividades participativas
Desarrollo de la formación	El formador puede exponer las técnicas, los objetivos que se deben aprender y mostrar cómo se hace. Los alumnos deben ejecutar el proceso hasta que se alcanza el objetivo con destreza
Canales de comunicación preferente	La comunicación verbal y visual
Materiales empleados	Preferentemente objetos relacionados con las actividades que se han de desarrollar, como maquetas, realidad aumentada, realidad virtual, simuladores, tabletas, teléfonos inteligentes, ordenadores, diapositivas, vídeos, tablas, papel y gafas inteligentes
Lugar de la formación	Espacio donde se desarrollan las técnicas, tácticas o estrategias objeto de la formación. Para facilitar que los alumnos interactúen, el aula se puede disponer formando un círculo, con un objeto en el centro como, por ejemplo, una maqueta
Formato del curso	Microformación. Aprender una a una las técnicas, las tácticas o las estrategias concretas. Se pueden explicar previamente los objetos o componentes y las definiciones necesarias
Prácticas y proyectos de fin de curso	Las prácticas se pueden hacer durante la formación, sobre maquetas u otros elementos o bien sobre el terreno. Para asentar los conocimientos, se pueden realizar trabajos con objetivos reales que hay que alcanzar bajo las premisas y la supervisión del formador
Tiempo	Se pueden hacer formaciones planificadas, pero se debería centrar en torno a la formación inmediata, gracias al acceso a microcursos en línea sobre temas específicos. Algunos elementos pueden reducir el tiempo de formación necesario, como las gafas inteligentes con instrucciones que hay que visualizar durante la ejecución, por ejemplo
Medios para favorecer la retención de los contenidos	Las fichas rápidas de consulta, las técnicas nemotécnicas visuales, la práctica física, los simuladores, los microcursos o los vídeos de disposición inmediata
Valores de la formación	Sencilla, fácil, práctica y orientada hacia objetivos concretos

Indique si estos hechos son técnicas, tácticas o estrategias con una X:
(Verifique sus respuestas en la parte inferior de la tabla.)

Acciones	A. Técnicas	B. Tácticas	C. Estrategias
1 Calcular la capacidad en metros cúbicos de un contenedor			
2 Planificar la actividad de un almacén mediante ventanas horarias y turnos de ocho horas			
3 Fijar un *stock* de seguridad			
4 Orientar una empresa de transporte hacia el mercado del grupaje en Centroeuropa			
5 Realizar planes de mantenimiento preventivo para disminuir los daños por averías			
6 Cumplimentar adecuadamente una carta de porte CMR			
7 Rediseñar el sistema de distribución de una compañía basándolo en el uso de comisionistas			

Respuestas: 1-A / 2-B / 3-A / 4-C / 5-B / 6-A / 7-C

C

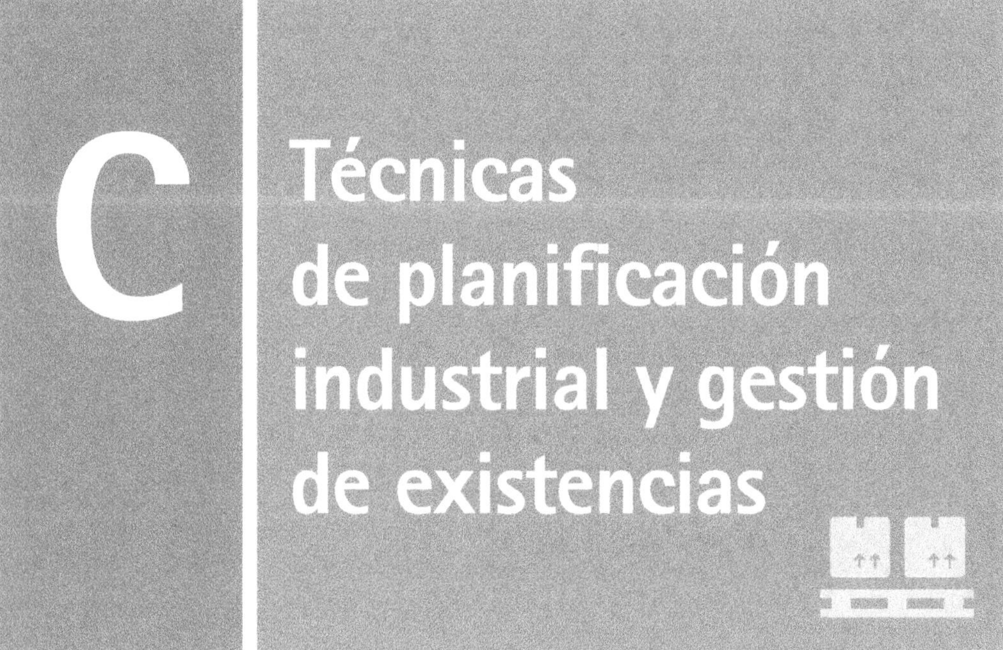

Técnicas de planificación industrial y gestión de existencias

La planificación industrial

Se suele decir que la planificación es la piedra angular de la logística, pero solo si lo planificado se desarrolla mediante una gestión logística adecuada es posible coordinar toda la cadena de suministro: el aprovisionamiento de materia prima, el almacenamiento, el suministro a la línea de producción o la entrega de productos terminados en la fecha y la hora previstas.

Para poder coordinar correctamente hay que dominar, entre otros, dos campos básicos: la planificación industrial y la gestión de existencias.

Consecuencias de una planificación industrial deficiente

No dominar este campo implica la descoordinación entre las distintas etapas del proceso que va desde el suministro de materia prima hasta su producción, lo cual puede generar:

- Retrasos en el suministro de materia prima y paradas en la cadena de producción.
- Problemas de exceso de existencias.
- Obsolescencia en las materias primas.
- Pérdida de clientes y sobrecostos por retrasos en la entrega.
- Pérdida de competitividad por no optimizar la cadena de suministro.

Recursos para la gestión de existencias

Hay dos formas básicas de realizar una gestión de existencias adecuada:

- La gestión con ayuda de hojas de cálculo externas al programa de gestión de la empresa (ERP).
- La gestión integrada dentro del programa de gestión de la empresa.

En general, las pequeñas y medianas empresas tienden a trabajar bajo la primera premisa y las grandes empresas bajo la segunda. Es fundamental, en cualquier caso, conocer esta disciplina para poder decidir las fórmulas que se deben aplicar en la configuración de cualquiera de las herramientas que se empleen.

¿Qué actividades se deben gestionar en la planificación industrial?

La **planificación de la producción** es un proceso en el que intervienen un conjunto de técnicas destinadas a optimizar la productividad, ajustarse a la demanda y organizar la asignación y coordinación de los medios necesarios (personas, materiales y recursos) para lograrla. Puede estar integrada en los departamentos de logística.

Proceso

El proceso de planificación de la producción consiste en:

1 Control y gestión de las existencias (inventarios).
2 Realización del plan maestro de la producción (PMP) que especifique las cantidades y los plazos de la fabricación y los pedidos que se han de servir.
3 Lista de materiales (BOM, siglas de *bill of materials*) necesarios para la fabricación.
4 Sistema de programación de los materiales o MRP I *(materials requirements planning)* que hay que comprar y suministrar.
5 Planificación de las capacidades de producción agregadas.
6 Elaboración de la planificación agregada a la producción, una herramienta que optimiza la capacidad productiva unificando todo a una medida común y coordinando las existencias, los recursos disponibles y la demanda.
7 Control de la producción, verificando el cumplimiento o reprogramando en caso contrario.
8 Planificación de recursos de fabricación o MRP II *(manufacturing resources planning)* para programar el cumplimiento del PMP.
9 Plazo de servicio y control del cumplimiento.
10 Análisis de la demanda para introducir elementos predictivos.

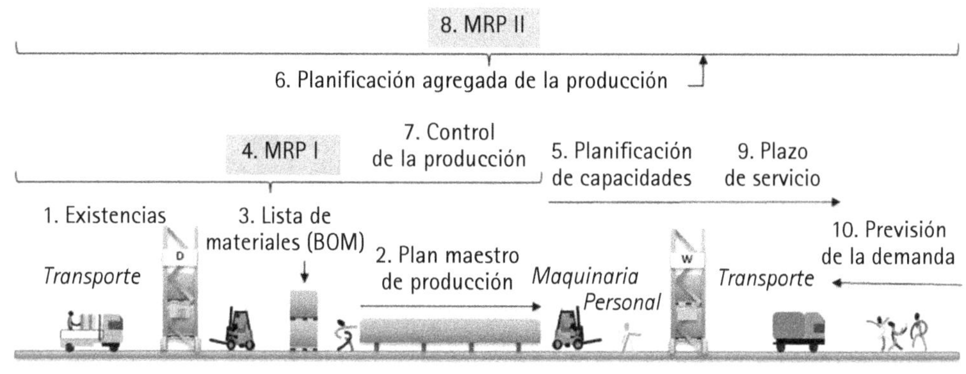

¿Qué es el control y la gestión de existencias?

Se denomina **existencias,** *stocks* o **inventario** a los productos que pertenecen a una empresa en un momento o periodo de tiempo determinado, ya sean materias primas, productos acabados o semielaborados.

El **control y la gestión de existencias** es un área de la planificación industrial. Se ocupa de la optimización de los niveles, el control, la valoración y el recuento de existencias, así como de la gestión de la información (básica para el desarrollo del plan maestro de producción [PMP]).

Aplicaciones

- Consumo total anual.
- Lote económico.
- Número de pedidos anuales.
- Punto de pedido.
- Costo de la adquisición anual.
- Cobertura temporal.

Las existencias se pueden identificar y clasificar por su velocidad de rotación, su ubicación o su valor, por ejemplo:

- En almacén propio.
- En punto de venta.
- De seguridad.
- Volumen medio.
- De ciclo.
- Estacionales.
- En tránsito.
- De recuperación.
- En producción.
- En proveedor.

Clasificación de las existencias en función de su ubicación:

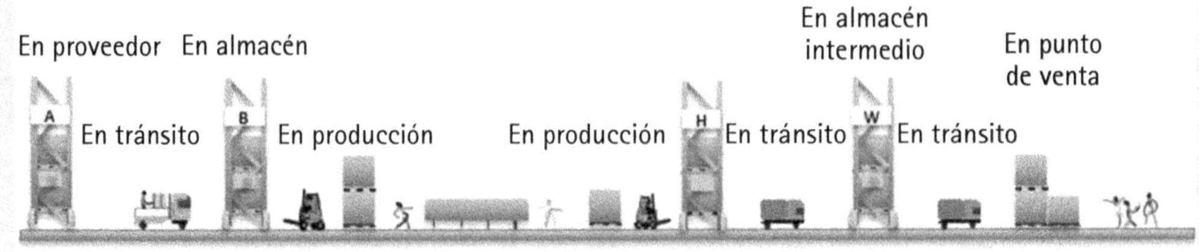

¿Cómo se calcula el consumo anual?

Se denomina **consumo anual** o demanda esperada a la cantidad de existencias de un producto que se prevé que absorba una planta durante todos los días laborables del año.

Su cálculo es relativamente sencillo y puede hacerse previamente para realizar las previsiones y planificaciones necesarias, o bien posteriormente para fines de control o estadística.

Solución

Se toma el **consumo medio diario (s)** durante un periodo y se multiplica por el número de **días laborables (DL)**:

Ítem	Símbolo	Factores	Descripción	Fórmula	Fórmula (hoja de cálculo)	ud.
Consumo anual (demanda prevista)	D	s	Consumo diario	$D = s \times DL$	$= s*DL$	ud.
		DL	Días laborales			

Caso 1

En condiciones estándar se aplica de la siguiente manera:

- El consumo diario de una planta de producción ha sido de 237 ud./día.
- En el próximo año 222 días serán laborables.
- Solución: $D = 237 \times 222 = 52.614$ ud.

Caso 2

Cálculo del porcentaje de variación según las siguientes condiciones:

- El consumo diario del año anterior en una planta ha sido de 348 ud./día.
- El próximo año hay 234 días laborables.
- El departamento comercial prevé un incremento en las ventas de un 3 %.

Este enfoque parte de la base de que el consumo es previsible y constante. Por lo tanto, si no se quiere usar la vía probabilística, se puede aplicar la fórmula convencional y multiplicarla por el porcentaje de variación **(ficha A1)**.

$$D = s \times DL \times \% \text{ variación}$$

- Solución: $D = 348 \times 234 \times 103\,\% = 83.874$ ud.

La mayoría de sistemas de gestión corporativa o ERP *(enterprise ressource planning)* cuentan con módulos avanzados para la planificación de existencias. Un ejemplo es el sistema SAP.

AURUM

¿Cómo se calcula el costo anual de adquisición?

El **costo de adquisición de una unidad** incluye todos los gastos que la empresa considere que afectan al costo final de cada producto, como son el precio de compra, el transporte y las manipulaciones hasta el punto de almacenaje, por ejemplo.

Solución

El **costo anual de adquisición** tiene en cuenta el **costo unitario** y la **demanda prevista**, ya que cuanto mayor sea esta, mayor será el primero. Su fórmula consiste en multiplicar ambos factores:

Ítem	Símbolo	Factores	Descripción	Fórmula	Fórmula (hoja de cálculo)	Valor ud.
Costo anual de adquisición	K_A	C_A	Costo individual de adquisición de una unidad	$K_A = C_A \times D$	$= C_A{}^*D$	€
		D	Demanda prevista			

Caso

- Una fábrica de automoción establece un programa de producción nivelada por el que todos los días producirá (s) 53 automóviles de un solo modelo y color.

- Se espera fabricar durante (DL) 339 días.
- El costo de adquisición unitario (C_A) es de 77,23 €/ud.
- ¿Cuál será el costo anual de adquisición?

  Cálculo:

  1 Para ver la demanda:

  $D = s \times DL$ **(ficha C3).**
  D = 53 ud. × 339 días = 17.967 ud.

  2 Se aplica la fórmula.

- Solución: KA = 77,23 € × 17.967 ud. = 1.387.591,4 €.

¿Cómo se calcula el costo anual de lanzamiento?

El **costo individual de lanzamiento** se obtiene dividiendo todos los costos relacionados (costo de instalaciones, personal implicado, gastos de energía, etc.) entre las unidades lanzadas. En cada caso es diferente.

El **costo anual de lanzamiento** se obtiene según el costo que tiene lanzar todos los pedidos sobre la base del costo unitario de lanzamiento, la frecuencia y el número de pedidos realizados.

Solución

La fórmula para su cálculo incluye el **costo de lanzamiento de una unidad,** la **demanda** y el **tamaño del pedido.** Cuanto mayor sea el lote menor será el número de lanzamientos y el costo.

Ítem	Símbolo	Factores	Descripción	Fórmula	Fórmula (hoja de cálculo)	Valor ud.
Costo anual de lanzamiento	K_L	C_L	Costo de lanzamiento de un pedido por unidad	$K_L = C_L \times \dfrac{D_{a\text{-}b}}{Q}$	$= C_L{}^*(D_{a\text{-}b}/Q)$	€
		Q	Tamaño del pedido (lote económico)			
		$D_{a\text{-}b}$	Demanda esperada durante el periodo a-b			

Caso

- Se está preparando el presupuesto de ventas y fijando los precios del próximo año y es necesario saber cuál es el costo anual de lanzamiento de unos sofás.
- El costo de lanzamiento de cada sofá (C_L): 213,58 €.
- Consumo anual (demanda prevista o $D_{a\text{-}b}$): 9.717 ud.
- Tamaño del pedido (Q): 5 ud.[1]
- Solución:
  Costo anual de lanzamiento:
  $K_L = 213,58 \times (9.717 / 5) = 415.071,37$ €.

---

[1] El cálculo del lote económico se analiza en la **ficha C8.** Se adelanta aquí para facilitar la resolución del problema. Si lo que se hace es una estimación del costo anual de lanzamiento para el próximo año, hay que recalcular el lote económico sobre sus datos.

¿Cómo se calcula el costo anual de posesión?

El **costo individual de posesión** es el costo que tiene cada empresa por mantener una unidad en su inventario. Como en casos anteriores, debe calcularse internamente dividiendo el total de costos de mantenimiento de los *stocks* entre las unidades que forman parte del inventario durante un periodo.

Solución

El **costo anual de posesión** tiene en cuenta el **costo unitario de posesión** y el **tamaño del pedido** o **lote económico.** A mayor tamaño de este, mayor costo anual de posesión:

Ítem	Símbolo	Factores	Descripción	Fórmula	Fórmula (hoja de cálculo)	Valor ud.
Costo anual de posesión	K_P	Q	Tamaño de pedido (lote, por ejemplo)	$K_P = C_P \times \dfrac{Q}{2}$	$= C_P{}^*(Q/2)$	€
		C_P	Costo individual de posesión			

Caso

- Se encarga un estudio de costos de posesión previendo un 40 % menos de *stocks*.
- Datos actuales:

  - Costo de posesión por ud. (C_p): 330 €/ud.
  - Tamaño de pedido (Q): 127 ud.

- Estimación para un volumen un 40 % menor:

  - Costo de posesión por ud. (C_p): 440 €/ud.
  - Tamaño de pedido (Q): 76 ud.

- Solución:

  a) Costo actual K_p = 330 € (127 / 2) = 20.955 €.
  b) Costo previsto K_p = 440 € (76 / 2) = 16.720 €.

¿Cómo se calcula el *stock* medio?

El *stock* **medio** es el promedio de productos que hay en inventario durante un periodo de tiempo concreto. Su cálculo puede realizarse de varias formas en función de la casuística.

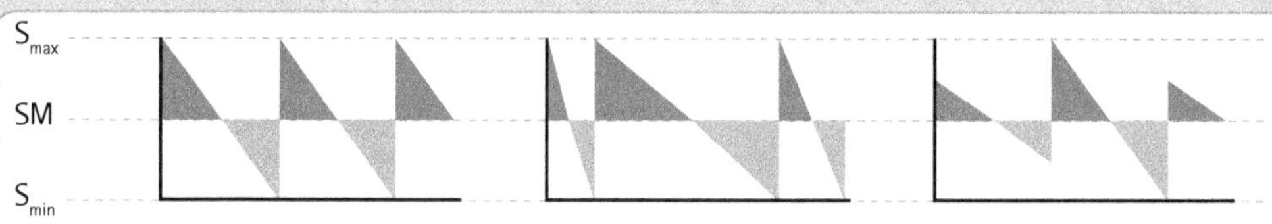

Solución

Ítem	Símbolo	Factores	Descripción	Fórmula	Fórmula (hoja de cálculo)	ud.
1 *Stock* medio en cantidades iguales y fechas fijas	SM1	Q	Tamaño del pedido (puede ser el lote económico)	$SM = \dfrac{Q}{2}$	= (Q / 2)	ud.
2 *Stock* medio en cantidades y fechas variables	SM2	S_{max}	Tamaño del pedido (puede ser el lote económico)	$SM = \dfrac{\sum (S_{max} + S_{min}) \cdot t_a}{2DL}$	$= (\sum (S_{max} + S_{min}) \cdot t_a)\ / 2DL$	ud.
		S_{min}	*Stock* mínimo en ud.			
		DL	Días laborables			
		t_a	Plazo de aprovisionamiento			
3 *Stock* medio en cantidades variables y fechas fijas	SM3	S_{max}	*Stock* máximo en ud.	$SM = \dfrac{\sum (S_{max} + S_{min})}{2n}$	$= \sum (S_{max} + S_{min})\ / 2n$	ud.
		S_{min}	*Stock* mínimo en ud.			
		n	Ciclos de aprovisionamiento			

Ejemplo

Caso 1

Q = 346 ud.
SM = Q / 2.
SM = 346 / 2 = 173 ud.

Caso 2

S_{max} = 300 ud.
S_{min} = 100 ud.
n = 46 ciclos.
SM = ($\sum$ (300 + 100) / 2 × 46 = 301,08 ud.

Caso 3

S_{max} = 346 ud.
S_{min} = 176 ud.
DL = 234 días.
T_a = 9 días.
SM = ($\sum (S_{max} + S_{min}) \times t_a$)/2DL.
SM = ($\sum$ (348 + 176) × 9) / 2 × 234 = 10,07 ud.

¿Cómo se calcula el lote económico?

El **lote económico de producción,** también conocido como EPQ *(economic production quantity),* es el lote de producción óptimo para un solo producto.

Solución

En el cálculo del lote económico entran múltiples factores como el **costo de adquisición** (incluyendo el transporte), el **consumo anual** o el **costo de almacenamiento.** Para su cálculo se utiliza la fórmula de Harrys-Wilson, que introdujo este concepto en 1934:

Ítem	Símbolo	Factores	Descripción	Fórmula	Fórmula (hoja de cálculo)	ud.
Lote económico	Q	C_a	Costo de adquisición por unidad	$Q = \sqrt{\dfrac{2C_a{}^*D}{uT}}$	$= \text{RAIZ}((2C_a{}^*D)/uT)$	ud.
		D	Demanda esperada			
		uT	Costo de almacenamiento por unidad			

Ejemplo

Una empresa tiene que planificar el tamaño del lote óptimo para planificar su transporte.

Datos:

$C_a = 487$ €/ud.
$s = 347$ ud./día.
$DL = 222$ días.
$uT = 34,5$ €/ud.

Solución:

$D = s \times DL.$
$D = 347 \times 222 = 77.034$ ud.

$Q = \text{RAIZ}((2C_a \times D)/uT).$
$Q = \text{RAIZ}([2 \times 487 \times 77.034]/34,5) = 1.274$ ud.

- Cuando se calcula el lote económico generalmente se redondea para obtener embalajes completos y evitar que queden piezas sueltas.

- El tamaño de lote por embalaje es otra medida importante que hay que definir en la planificación industrial. Influye en el número de embalajes, el tamaño del pedido, el valor de las existencias almacenadas o el número de operaciones de suministro a la cadena de producción, entre otros aspectos.

¿Cómo se calcula el número de pedidos anual?

Para planificar el transporte es necesario prever cuál será el número de envíos. Este es un dato importante para elaborar el presupuesto anual **(ficha A1)**, el control de ahorros **(ficha A6)** y la propia planificación de la actividad a corto plazo.

Solución

Es necesario conocer cuál será el **número de pedidos anual,** que se obtiene a través de los datos sobre el **consumo diario (ficha B4)** y sobre el **lote económico (ficha B10).** Hay que aplicar la siguiente fórmula:

Ítem	Símbolo	Factores	Descripción	Fórmula	Fórmula (hoja de cálculo)	ud.
Número de pedidos anual	N_{pe}	s	Consumo diario	$N_{pe} = \dfrac{s \times DL}{Q}$	= (s*DL) / Q	ud.
		DL	Días laborables			
		Q	Lote económico			

Ejemplo

Datos:

S = 347 ud./día.
DL = 222 días.
uT = 34,5 €/ud.
Q = 1.274 ud.

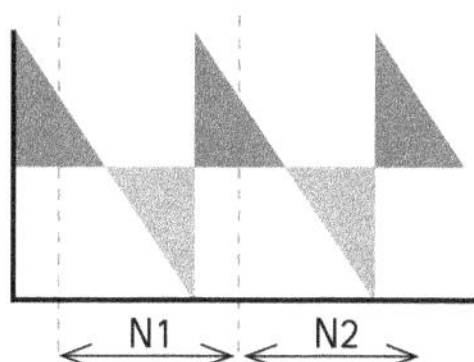

Solución:

N_{pe} = (347 × 222) / 1.274 = 60,46 pedidos.
Frecuencia = 222 días / 0,46 pedidos = 3,6 días.
Cada 3,6 días se servirá un pedido de 1.274 ud.

¿Cómo se calcula el punto de pedido?

El **punto de pedido** es uno de los cálculos clave que hay que realizar en la planificación y consiste en identificar el nivel de *stocks* en el que hay que realizar un nuevo **pedido de aprovisionamiento.**

En la práctica, su cálculo puede complicarse porque existan periodos vacacionales, problemas con algún proveedor, disminuciones en la producción, ventas distintas a las previstas o roturas de *stock*, por ejemplo.

Solución

Para perfeccionar el punto de pedido hay que contar con un ***stock* de seguridad** idóneo y vigilar sistemáticamente si las circunstancias cambian y obligan a aplicar otro tipo de modelo. Esta es la fórmula para calcularlo:

Ítem	Símbolo	Factores	Descripción	Fórmula	Fórmula (hoja de cálculo)	ud.
Punto de pedido	PP	s	Consumo diario/ demanda media	$PP = (s \times t_a) + SS$	$= (s*t_a) + SS$	ud.
		t_a	Plazo de aprovisionamiento			
		SS	*Stock* de seguridad			

Ejemplo

Datos:

s = 200 ud./día.
t_a = 10 días.
SS = 142 ud.

¿Cuál sería el punto de pedido?

Solución:

$PP = (200 \times 10) + 367 = 2.142$ ud.

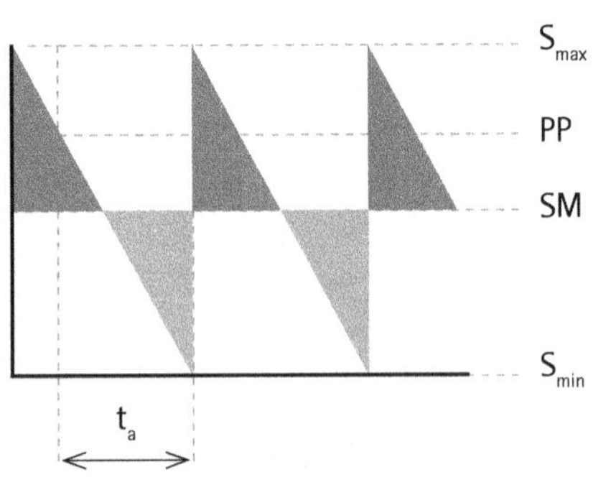

¿Cómo se calcula la cobertura de los *stocks*?

La **cobertura de *stocks*** indica el número de días en los que el volumen de existencias podría cubrir el consumo o la demanda. Para su cálculo es posible aplicar dos fórmulas.

Solución

La **cobertura de *stock* media** consiste en dividir el *stock* medio **(ficha C7)** entre el consumo medio diario **(ficha C3).**

Ítem	Símbolo	Factores	Descripción	Fórmula	Fórmula (hoja de cálculo)	ud.
Cobertura de *stock* media	C_m	SM	*Stock* medio en unidades	$C_m = \dfrac{SM}{s}$	= SM/s	Días
		s	Consumo diario			

Por otro lado, se puede calcular la **cobertura de *stock* en un momento puntual.** Esta se obtiene de dividir el *stock* de ciclo existente **(ficha C13)** en un momento concreto entre el consumo previsto para un periodo determinado.

Ítem	Símbolo	Factores	Descripción	Fórmula	Fórmula (hoja de cálculo)	ud.
Cobertura de *stock* durante periodo a–b	$C_{(a-b)}$	S_c	*Stock* de ciclo actual en unidades	$C_{(a-b)} = \dfrac{S_c}{S_{(a-b)}}$	$= S_c/S_{(a-b)}$	Días
		$S_{(a-b)}$	Consumo diario promedio previsto para el periodo a–b			

Ejemplo

Hay convocada una huelga de transporte y es necesario especificar qué cobertura de *stock* existe para los próximos días.

Datos:

S_c = 3.400 ud.
$S_{(a-b)}$ = 1.237 ud./día.

Solución:

$C_{(a-b)}$ = 3.400 / 1.237 = 2,74 días de cobertura de *stock*.

¿Cómo se calcula el *stock* de seguridad sobre el nivel de servicio deseado?

El **stock de seguridad** es el número de unidades de un determinado producto que hay almacenadas para hacer frente a cualquier eventualidad. Puede variar en función del nivel de servicio que se ha de garantizar.

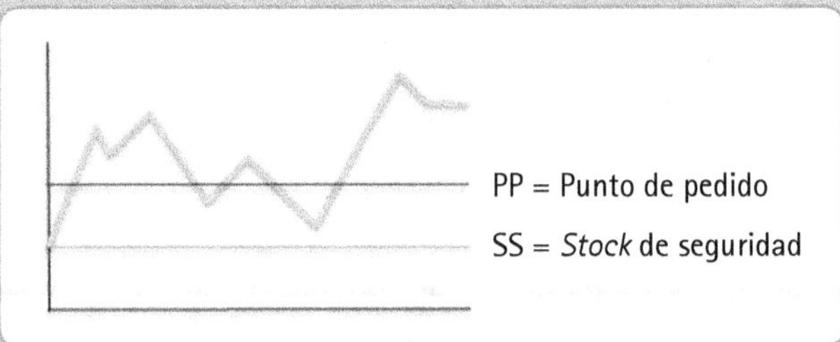

Solución

Ítem	Símbolo	Factores	Descripción	Fórmula	Fórmula (hoja de cálculo)	ud.
Stock de seguridad	SS	NS	Nivel de servicio deseable (%)	$SS = Z \times S_D \times \sqrt{t_a}$	$= Z^*S_D{}^*(RAIZ(t_a))$	ud.
		Z	Valor z (tabla de distribución normal)			
		S_D	Desviación típica sobre plazo x			
		t_a	Plazo de aprovisionamiento			

Ejemplo

A causa de cambios en la producción es necesario obtener un nuevo cálculo del *stock* de seguridad. Se indica previamente que con dicho *stock* se quiere cubrir, al menos, el 90 % del nivel de servicio.

Datos:

Z para NS 90 % = 1,28.
S_D = 300 ud.
T_a = 7 días.

Solución:

$SS = 1,28 \times 300 \times \sqrt{7} = 1.016$ ud.

Valores Z habituales:

NS (%)	Z
90	1,28
95	1,65
96	1,75
97	1,88
98	2,05
99	2,33
100	4

¿Cómo se calcula el *stock* de seguridad según el plazo de aprovisionamiento?

El *stock* de seguridad sirve para cubrir las necesidades de servicio en ausencia de aprovisionamiento. Aunque en la **ficha C12** se detalla una de las fórmulas más utilizadas, hay otras vías posibles, como sucede en general cuando se trata de gestionar y planificar las existencias.

Cada organización presenta unas características específicas que pueden hacer variar los factores de cálculo (tamaño del pedido, plazo de aprovisionamiento, número de pedidos, sistema informático empleado, etc.). Por ello hay que entender las fórmulas en su globalidad y elegir la opción que mejor se adapte a cada circunstancia.

Solución

Otra alternativa para calcular el *stock* de seguridad es enfocarlo según el **plazo de aprovisionamiento,** la **demanda prevista para un periodo entre a–b** y el **plazo máximo de entrega.** Este cálculo se aplica cuando hay retrasos de aprovisionamiento.

Ítem	Símbolo	Factores	Descripción	Fórmula	Fórmula (hoja de cálculo)	ud.
Stock de seguridad (sobre el plazo de entrega)	SS	PME	Plazo máximo de entrega del proveedor	$SS = D_{(a-b)} \times (PME - t_a)$	$= D_{(a-b)}*(PME - t_a)$	ud.
		t_a	Plazo de aprovisionamiento			
		$D_{(a-b)}$	Demanda prevista durante periodo a–b			

Ejemplo

Es necesario recalcular el *stock* de seguridad, pero no bajo el nivel de servicio sino bajo el enfoque del plazo de entrega.

Datos:

$D_{(a-b)}$ = 14.357 ud.
PME = 11 días.
T_a = 7 días.

Normalmente cada siete días hay un suministro para poder producir y servir, pero en ocasiones ha tardado hasta once días.

Solución:

SS = 14.357 × (11 – 7).
SS = 57.428 ud.

¿Cómo se calculan otros tipos de *stock* relevantes?

Existen otros tipos de *stock* (S) que también conviene conocer. Habitualmente, los sistemas de gestión corporativa o **ERP** poseen funciones (por ejemplo, consultas) que permiten obtener estos datos aplicando ciertos filtros (como ubicaciones o fechas).

***Stock* de presentación (S_p).** El que está en las estanterías de establecimientos comerciales o lugares de venta al público	Se calcula restando al *stock* total el de las zonas de no venta al público: S_p = S total – S zonas no venta público
***Stock* físico (S_f).** Cantidad de existencias almacenadas, independientemente de su propósito	Se obtiene de restar a las existencias totales las no presentes en el almacén: $S_f = S_t$ – S no presentes
***Stock* de ciclo (S_c).** El que se tiene para atender la demanda regular de los clientes. Incluye el *stock* de presentación en aquellas empresas de venta al público	Se calcula restando al *stock* físico el que no sirve para atender la demanda: $S_c = S_f$ – S no válidos
***Stock* disponible (S_d).** Comprende las existencias físicas más los pedidos en curso, menos la demanda no satisfecha	Se calcula sumando al *stock* físico los pedidos en curso y restando el que consumirá la demanda (D) no satisfecha: $S_d = S_f$ + S pedidos en curso + D pendiente
***Stock* neto (S_n).** Indica las existencias físicas menos la demanda no satisfecha	Resulta de restar al *stock* físico la demanda de pedidos pendientes de servir: $S_n = S_f$ – D pendiente
***Stock* especulativo (S_e).** El que se compra en previsión de subidas de precio, con el fin de ahorrar o de especular	Para controlarlo se identifica en el sistema como un *stock* diferente, ya que se trata de algo cualitativo
***Stock* de tránsito (S_{tr}).** El que está pedido pero aún no ha llegado a las instalaciones de destino. Incluye las devoluciones que siempre hay que contemplar en los cálculos	Resulta de restar a las existencias totales el *stock* de ciclo, que es el válido para atender la demanda: $S_{tr} = S_t - S_c$
***Stock* de recuperación (S_r).** Es el formado por productos usados o incluso averiados, pero que podrían servir, mediante alguna operación de recuperación, para atender a demandas	Es complicado cuantificarlo en el sistema. Resulta de restar el *stock* de productos recuperables (S_{pr}) de los no recuperables (S_{pnr}): $S_r = S_{pr} - S_{pnr}$
***Stock* muerto (S_x).** Es el que se mantiene a causa del elevado costo de su eliminación pero que no sirve para atender demandas o surtido actuales	Se identifica en el sistema como unas existencias determinadas

¿Cómo se calcula el índice de rotación?

El **índice de rotación** es uno de los indicadores más empleados en supervisión y también uno de los preferidos por los departamentos de finanzas y de producción para valorar el trabajo realizado en un periodo de tiempo.

Consiste en analizar el número de ciclos completos, desde el alta del producto hasta el cobro, que se dan durante un determinado periodo. Cuanto mayor es el índice de rotación, menor es el tiempo de recuperación del dinero invertido y hay una necesidad menor de fondo de maniobra o de dinero necesario para mantener la actividad de trabajo.

Solución

Aunque hay diversos enfoques en esta área, en general se da por válida la fórmula que se especifica a continuación y que consiste en dividir el **consumo anual (ficha C3)** entre el *stock* medio (SM de dicho periodo).

Ítem	Símbolo	Factores	Descripción	Fórmula	Fórmula (hoja de cálculo)	ud.
Cobertura de *stock* durante periodo a-b	I_R	$SM_{(a-b)}$	*Stock* medio en unidades durante periodo a-b	$I_R = \dfrac{D_{(a-b)}}{SM_{(a-b)}}$	$= D_{(a-b)}/SM_{(a-b)}$	Veces
		$D_{(a-b)}$	Demanda en unidades durante periodo a-b			

Ejemplo

El año pasado hubo una producción de 32.456 unidades y el SM fue de 987 unidades. ¿Cuál es el índice de rotación?

Solución:

I_R = 32.456 / 987.

I_R = 32,88 veces/año.

Este es un indicador clave de rendimiento o KPI utilizado con frecuencia, pero hay que tener en cuenta algunos factores. Sirve para conocer cuantas veces rota el *stock* medio almacenado, renovándose completamente.

En la práctica, las casuísticas hacen que las distintas referencias o pedidos entren y salgan a diferentes velocidades, por lo que siempre es interesante un análisis en profundidad que contemple desviaciones y otros factores (emplear el precio de venta o de costo, por ejemplo).

Es recomendable establecer planes de acción para mejorar la rotación de cada referencia.

¿Cómo se calcula la capacidad de producción?

La **capacidad de producción** es la cantidad de producto que se puede producir durante una unidad de tiempo estandarizada (como un turno o una semana, por ejemplo), en condiciones óptimas **(capacidad óptima)** o en capacidad histórica **(capacidad demostrada).** Generalmente se trabaja con capacidades demostradas o disponibles ya que lo contrario supondría un riesgo de incumplimiento ante cualquier incidencia.

Solución

Ítem	Símbolo	Factores	Descripción	Fórmula	Fórmula (hoja de cálculo)	ud.
Capacidad de producción demostrada	CD	$Pd_{(a\text{-}b)}$	Producción durante el periodo a-b	$CD = \dfrac{\Sigma Pd_{(a\text{-}b)}}{U_{(a\text{-}b)}}$	$= \Sigma Pd_{(a\text{-}b)}/U_{(a\text{-}b)}$	ud.
		$U_{(a\text{-}b)}$	Unidad de medida temporal entre a-b			

Ejemplo

Qué capacidad demostrada existe por turno y por día cuando:

Datos:

1 La $U_{(a\text{-}b)}$ es la producción semanal por turno.
2 En 3 turnos se han producido 87.534 ud./semana.

Solución:

CD = 87.534 / 3 turnos = 29.178 ud. por turno.
CD = 87.534 / 7 días = 12.504,8 ud. por día.

Para la programación semanal se pueden seguir varias vías:

- Fijar una capacidad teórica tomada a partir de un periodo; por ejemplo, un trimestre.
- Calcular la capacidad de la semana anterior; por ejemplo, de jueves a miércoles y el jueves planificar la semana siguiente con una capacidad más reciente.
- Una tercera opción es trabajar con la **capacidad disponible** (C_{dis}) que resulta de multiplicar la capacidad demostrada por estos dos factores $(C_{dis} = CD \times F_u \times F_e)$:
    - El **factor de utilización** (F_u), que es el número de horas de uso respecto al total de horas reales por turno de un periodo cercano (X) F_u = horas trabajadas / horas reales (por ejemplo: 7,3 h / 8 h = 0,912).
    - El **factor de eficiencia** (F_e), que es el número de unidades producidas respecto a la capacidad definida durante el periodo X (por ejemplo: 32.456 / 42.455 = 0,765).

¿Cómo se calcula el nivel de servicio?

Desde el punto de vista de la gestión de existencias, el **nivel de servicio** es el indicador que refleja el porcentaje de pedidos satisfechos frente a pedidos solicitados por los clientes.

No hay que confundir este concepto particular de la gestión de existencias con la gestión de nivel de servicio en una empresa. Esta es un área sumamente importante y amplia que incluye otros conceptos, herramientas y factores, además de este indicador cuantitativo.

Además del nivel de servicio, es posible averiguar el **índice de rotura,** que refleja los pedidos no satisfechos, frente a los solicitados.

Solución

Ítem	Símbolo	Factores	Descripción	Fórmula	Fórmula (hoja de cálculo)	ud.
Nivel de servicio	N_s	$V_{(a-b)}$	Ventas en unidades durante periodo a-b	$N_s = \dfrac{V_{(a-b)}}{D_{(a-b)}} \times 100$	$= (V_{(a-b)} / D_{(a-b)})*100$	%
		$D_{(a-b)}$	Demanda en unidades durante a-b			
Índice de rotura	I_r	$PNS_{(a-b)}$	Pedidos no servidos en unidades entre a-b	$I_r = \dfrac{PNS_{(a-b)}}{D_{(a-b)}} \times 100$	$= (PNS_{(a-b)} / D_{(a-b)})*100$	%
		$D_{(a-b)}$	Demanda en unidades durante a-b			

Ejemplo

Llegan quejas sobre retrasos en los pedidos y se solicita un informe sobre el nivel de servicio actual:

Solución:

- Ns = (187.359 / 204.735) * 100 = 91,51 %.
- Ir = (17.376 / 204.735) * 100 = 8,4 8 %.
- Demanda: $D_{(a-b)}$ para servir entre enero y junio: 204.735 ud.
- Ventas: $V_{(a-b)}$ entre enero y junio: 187.359 ud.
- Pedidos no servidos: $PNS_{(a-b)}$ entre enero y junio: 17.376 ud.

Para ser coherentes hay que calcular la demanda de unidades de acuerdo con el plazo de servicio (fecha prevista) y no sobre la base de cuándo se realiza el pedido.

¿Qué es y cómo se calcula el sistema ABC?

El **ABC** es un sistema de clasificación de existencias basado en el **principio de Pareto,** por el cual el 20 % de las existencias supondría el 80 % de los movimientos de almacén.

Aunque hay sistemas de gestión corporativa o **ERP** programados para calcular automáticamente el ABC, también es posible hacerlo mediante consultas al sistema informático y volcando su información sobre referencias, consumos, valor, etc., en una hoja de cálculo.

Solución

Hay que ordenar el valor buscado (el consumo o la demanda de un producto, por ejemplo) de mayor a menor para ver qué referencias suman en torno al primer 80 % (A), cuáles de las siguientes suman otro 15 % (B) y que otras el restante 5 % (C).

Este es un criterio estándar que en cada empresa puede variar según se adapte a su casuística y sus preferencias; por ejemplo, redondeando los decimales.

Ejemplo

Hay que realizar el análisis ABC de los productos según su demanda para estudiar un posible cambio de **disposición en el almacén.**

Nombre del artículo	Consumo ene-dic	Sobre el total (%)	Σ %	Clasificación
Ref. 23412341234	10.021.311	51,45		
Ref. 08070770707	4.018.000	20,63	79,42	A
Ref. 08080770777	721.998	3,71		
Ref. 68764522339	708.912	3,64		
Ref. 72323222211	701.999	3,60		
Ref. 24321241212	698.234	3,58		
Ref. 21312231232	654.812	3,36	15,33	B
Ref. 11119878870	653.444	3,35		
Ref. 89879797999	278.233	1,43		
Ref. 12373037580	271.234	1,39		
Ref. 12321310980	257.221	1,32		
Ref. 23432183019	245.889	1,26		
Ref. 29823432943	134.211	0,69	5,24	C
Ref. 19237120000	31.211	0,16		
Ref. 42942938403	29.776	0,15		
Ref. 23492374980	27.655	0,14		
Ref. 23492734032	23.841	0,12		
Total	19.477.981	100,00	100,00	

Solución:

1 Realizar una consulta en el ERP, para la que se introducen los filtros de:

- Nombre del artículo.
- Consumo del último año.
- Porcentaje de consumo sobre el total.

2 Con esta información, sumar el porcentaje de peso de cada artículo sobre el total hasta hacer grupos próximos al 80, 15 y 5 % y asignar un valor A, B o C, como se señala en la tabla.

¿Cómo se aplica el sistema ABC en el diseño de almacenes?

En todo almacén existen movimientos de entrada, salida u otros internos intermedios. En ocasiones estos movimientos se dan en distancias considerables, lo que afecta a la productividad. Como las mercancías A son las que más rotan, las B las de rotación media y las C las de rotación baja, en el diseño de almacenes se aplican criterios de proximidad a los puntos clave.

Solución

Las mercancías del tipo A se colocan en las zonas más cercanas a los muelles y las zonas de carga y descarga. De este modo, la mayoría de sus movimientos son los que menos distancia recorren. Si los volúmenes lo permiten, se pueden automatizar los procesos mediante silos automáticos o vehículos de almacén sin conductor, por ejemplo.

Las mercancías del tipo B se sitúan inmediatamente después de las del A y también se pueden automatizar sus procesos.

Las mercancías del tipo C se sitúan en las zonas más extremas o de difícil acceso del almacén. En función del volumen de movimientos, se pueden emplear vehículos sin conductor, trenes de arrastre, transporte por rodillos u otros medios mecánicos.

Estas medidas contribuyen a mejorar la productividad del almacén, reduciendo el costo de los recursos necesarios.

Clase A
Artículos de fuerte rotación

Clase B
Artículos de media rotación

Clase C
Artículos de baja rotación

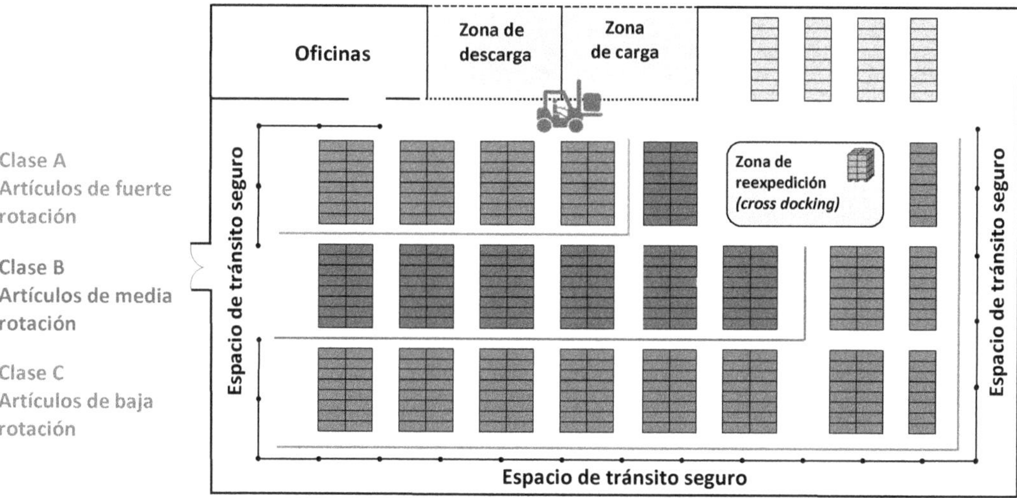

¿Qué es la lista de materiales y cómo se utiliza?

La **lista de materiales** o **BOM** *(bill of materials)* ofrece una visión del conjunto de materias primas y componentes que intervienen en la fabricación de los productos de una empresa. Puede presentar informaciones complementarias, como cantidades, plazos de suministro, alternativas, niveles, costos o referencias internas. Se emplea para organizar órdenes de aprovisionamiento y para establecer plazos, costos y procesos de trabajo necesarios para conseguir el producto acabado.

Ejemplos

Existen diversos tipos de lista de materiales. Algunas de las más utilizadas son:

1 **BOM multinivel.** Permite visualizar los componentes y niveles, siendo el nivel 0 el objeto acabado, el 1 los ensamblados finales y así sucesivamente. Se emplean esquemas o gráficos.

2 **BOM modulable.** Sirve para planificar la producción. Se plasma la información relativa a la referencia y el nivel, entre otras, y las alternativas a cada componente cuando existen varias opciones (tamaños de lote, materiales alternativos, etc.).

3 **BOM de aprovisionamiento.** Se emplea para planificar el aprovisionamiento óptimo y valorar alternativas.

En muchas ocasiones se combinan formatos.

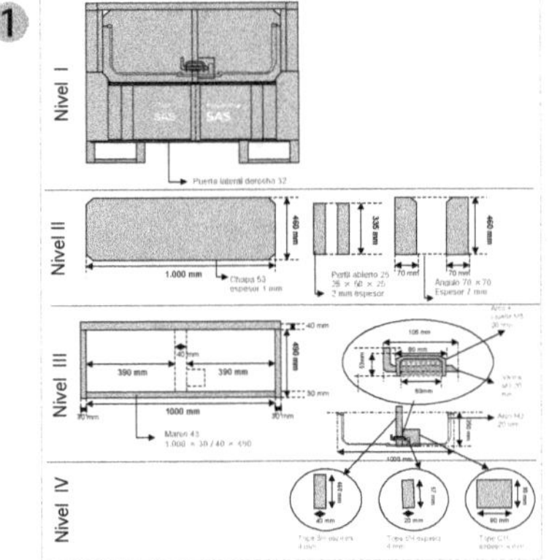

Véase el anexo c1.

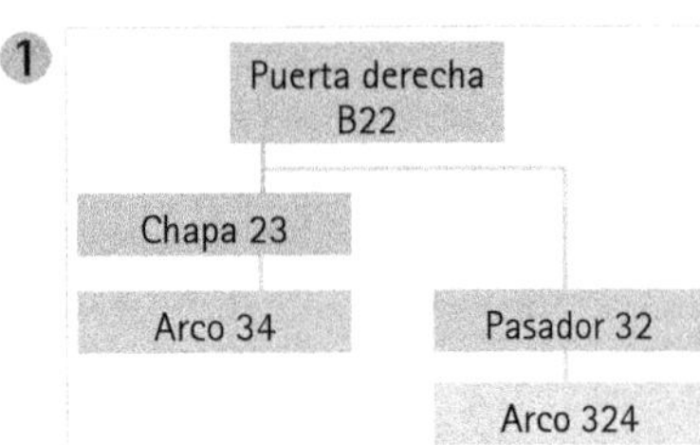

2

Referencia	Descripción	Nivel	Tiempo de espera	Ensamble	Tamaño lote	Alternativa
B231231	Chapa 23 puerta dcha.	2	4 días	Operac. 2A	3	B32432
A343234	Arco 34 puerta dcha.	2	4 días	Operac. 2A	3	B32432
ME00324	Arco 32 puerta dcha.	3	3 días	Operac. 45H	12	MED3111
A329990	Pasador 32 puerta dcha.	3	2 días	Operac. 32H	5	A989896

3

Ensamble	Referencia	Descripción	Nivel	Tiempo de espera	Tamaño lote	Precio ud.
Operac. 32H	A343234	Pasador 34 puerta dcha.	3	2 días	5	3,55 €
	A329990	Pasador 32 puerta dcha.	3	2 días	5	3,55 €
	G0354333	Alfa 127 puerta dcha.	4	2 días	2	9,50 €

¿Qué es el plan maestro de producción y cómo se realiza?

El **plan maestro de producción (PMP)** es una herramienta de planificación a medio y largo plazo cuyo propósito es ofrecer una previsión de:

- Los productos y cantidades que se han de producir.
- Las fechas en que deben suministrarse materiales para poder producir.
- El momento en que deben estar listos los productos.

Existen muchas opciones para hacer un PMP. Hay modelos muy complejos, con introducción y vinculación de datos de costos, actualizaciones de rendimiento, devoluciones, etc., y que actualizan conceptos como el lote económico o el *stock* de seguridad, por ejemplo.

También existen modelos más sencillos en los que, producto a producto, se calcula un PMP basado en las previsiones, los pedidos confirmados, el *stock* de ciclo (disponible), el tamaño del lote y las capacidades de producción. Partiendo de un *stock* inicial, se analiza la capacidad de atender los pedidos y si hay que producir o no.

Ejemplo

Plan maestro de producción de un producto:

 Pronósticos   Pedidos de clientes    Existencias    Capacidades

Ítem	Unidades
Inventario (disponible) inicio	2.000 ud.
Tamaño del lote	50 ud.
Capacidad producción semanal	1.050 ud.

Ítem	S10	S11	S12	S13	S14	S15	S16	S17	S18
Pronóstico de consumos	1.200	1.050	1.040	1.032	1.043	1.200	1.210	1.210	1.205
Pedidos	891	945	1.199	934	1.020	1.289	1.234	1.200	1.213
Disponible	2.000	1.109	0	1	17	47	8	24	24
Resultado sin producción	1.109	164	−1.199	−933	−1.003	−1.242	−1.426	−1.576	−1.715
PMP requerido	0	900	1.200	950	50	1.250	1.450	1.200	1.750
Pendiente semana anterior							200	400	526
Capacidades	1.050	1.050	1.050	1.050	1.050	1.050	1.050	1.050	1.050

En este caso solo se usa *stock* de ciclo, no se modifica el de seguridad, retrasando pedidos.

¿Qué son las órdenes de aprovisionamiento?

Se trata de solicitudes o instrucciones que se emiten desde el cliente al proveedor con todos los detalles de las unidades que se han de servir, como fechas de carga y descarga, unidades por envío, referencias de cliente, etc.

Si las **órdenes de aprovisionamiento** son a portes pagados por el destinatario, también se pueden indicar los datos de la empresa transportista y remitir a esta una copia del documento como parte de la orden de carga.

Las órdenes de aprovisionamiento pueden tener tantas variantes como se considere necesario (costo, forma de secuenciación o entrega, etc.).

Su propósito es anticipar al máximo el servicio e iniciar la ejecución de la planificación realizada.

Deben ser fácilmente comprensibles, con el fin de evitar fallos en su interpretación.

Ejemplo

IOS X	Orden de aprovisionamiento				Número de solicitud		243123000
	Proveedor	Código de proveedor	Contacto	Correo electrónico	Número de órden	Ocupación camión (%)	
	SUPERPLAST	47430000	Alfonso Brugera	abruguera@superplast.com	231234	98,30	
	Destinatario	Código del cliente	Contacto	IOS X			
	IOS X	47430000	Sergio de Dávila	sded@iosx.com			

Transportista	Día de carga	Hora llegada	Hora salida	Puerta/muelle	IOS X Día descarga	IOS X Hora llegada	IOS X Hora salida	IOS X Código entrada
Truck&Wheel	12/4/25	16:00	18:00	M234	13/4/25	7:00	8:00	I-003

			Solicitud					Superplast	IOS X
Línea	Referencia proveedor	Referencia cliente	Descripción	Piezas/ envase	Envases requeridos	Total piezas	Piezas stock	Rotura actual de stock	Posibilidad de servicio
1	P103849040000	A639690 4053 7D43	PILAR-A D GR	36	11	396	324		No conforme
2	P103847040000	A639690 3953 7D43	PILAR-A I GR	36	11	396	324		No conforme
3	P103852150000	A639690 4253 7G91	PILAR-A D GRT	36	0	0	0		
4	P105634150000	A639690 5853 7G91	PILAR-A D WB GRT	36	0	0	0		
5	P103851150000	A639690 4153 7G91	PILAR-A I GRT	36	0	0	0		
14	P105633160000	A639690 5753 8K34	PILAR-A I WB KT	36	0	0	0		
15	P104786040000	A639690 5053 7D43	PILAR-B SUP D GR	96	1	96	96		Conforme
16	P108193040000	A639690 6953 7D43	PILAR-B SUP D GR KAWA	96	1	96	96		Conforme
17	P104788040000	A639690 4853 7D43	PILAR-B SUP D PAREDSEP GR	96	1	96	96		Conforme
18	P116802040000	A 639 690 85 53 7D43	PIL-B SUP D CE G	96	0	0	0		
19	P116809040000	A 639 690 89 53 7D43	PIL-B SUP D CE WB G	96	0	0	0		
20	P104780040000	A639690 4353 7D43	PILAR-B SUP I GR	32	3	96	96		Conforme
21	P104785040000	A639690 4953 7D43	PILAR-B SUP I KW GR	96	0	0	0		
22	P116808150000	A 639 690 90 53 7G91	PIL-B SUP I CE WB GT	96	0	0	0		
			Total envases y piezas		52	2236			

Proveedor	Conductor	Receptor	Datos entrega			
X_____________	X_____________	X_____________	Líneas pedidas	22	90.909	**MPM**
			Líneas no conforme	2		

Véase el anexo c2.

¿Qué es el MRP I y cómo se realiza?

El **sistema de programación y control de la producción** o **MRP I** *(materials requirements planning)* es una herramienta de planificación para determinar:

1 Qué productos se han de producir.

2 El momento en que deben producirse.

3 Qué aprovisionamiento se requiere.

4 En qué momento debe aprovisionarse.

El MRP I parte de la información de la **lista de materiales (BOM)** o del **plan maestro de producción (PMP),** de las existencias de materia prima y del lote de aprovisionamiento.

Si se conoce cuándo hay que producir, se puede calcular cuántos lotes y unidades de materia prima hay que aprovisionar, calculando el *stock* resultante, y en qué momento hay que hacerlo.

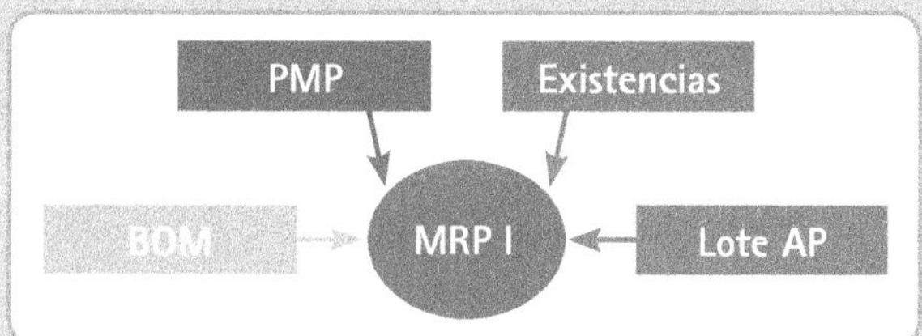

Ejemplo

BOM producto A	ud.	Lote	Stock inicial
Subparte I	2	10	450.000
Subparte II	4	10	360.000
Subparte I	3	12	600.000
Subparte II	2	10	0
Subparte I	10	30	0

Ítem	ud.
Inventario (disponible) inicio	2.000 ud.
Tamaño del lote	50 ud.
Capacidad de producción semanal	1.050 ud.

Programación producción (un solo producto) (Continuación ficha C20)

Ítem	S10	S11	S12	S13	S14	S15	S16	S17	S18
Pronóstico de consumos	1.200	1.050	1.040	1.032	1.043	1.200	1.210	1.210	1.205
Pedidos	891	945	1.199	934	1.020	1.289	1.234	1.200	1.213
Disponible	2.000	1.109	0	1	17	47	8	24	24
Resultado sin producción	1.109	164	-1.199	-933	-1.003	-1.242	-1.426	-1.576	-1.715
PMP requerido	0	900	1.200	950	50	1.250	1.450	1.200	1.750
Pendiente semana anterior							200	400	526
Capacidades	1.050	1.050	1.050	1.050	1.050	1.050	1.050	1.050	1.050

Stock resultante tras pedido	S10	S11	S12	S13	S14	S15	S16	S17	S18
Subparte I	2.218	0	0	0	0	0	0	0	0
Subparte II	4.436	0	0	0	0	0	0	0	0
Subparte I	3.327	0	0	6	12	0	6	12	0
Subparte II	2.218	0	0	0	0	0	0	0	0
Subparte I	11.090	0	0	10	20	20	30	0	10

Necesidades de aprovisionamiento (ud.)	S10	S11	S12	S13	S14	S15	S16	S17	S18
Subparte I	0	1.800	2.400	1.900	100	2.100	2.100	2.100	2.100
Subparte II	0	3.600	4.800	3.800	200	4.200	4.200	4.200	4.200
Subparte I	0	2.700	3.600	2.856	156	3.144	3.156	3.156	3.144
Subparte II	0	1.800	2.400	1.900	100	2.100	2.100	2.100	2.100
Subparte I	0	9.000	12.000	9.510	510	10.500	10.500	10.470	10.500

Necesidades de aprovisionamiento (lotes)	S10	S11	S12	S13	S14	S15	S16	S17	S18
Subparte I	0	180,0	240,0	190,0	10,0	210,0	210,0	210,0	210,0
Subparte II	0	360,0	480,0	380,0	20,0	420,0	420,0	420,0	420,0
Subparte I	0	225,0	300,0	238,0	13,0	262,0	263,0	263,0	262,0
Subparte II	0	180,0	240,0	190,0	10,0	210,0	210,0	210,0	210,0
Subparte I	0	300,0	400,0	317,0	17,0	350,0	350,0	349,0	350,0

¿Qué es la planificación agregada de la producción y cómo se aplica?

Es una herramienta de planificación a medio plazo (como referencia suele tomarse un plazo de tres a dieciocho meses), cuyo objetivo es determinar la mejor opción posible para satisfacer la demanda al menor costo.

El concepto «agregada» hace referencia a que todos los componentes se pasan a un término común (horas de trabajo necesarias, por ejemplo) para poder desarrollar la planificación bajo un solo formato.

La **planificación agregada de la producción (PAP)** es una herramienta que requiere introducir de manera sistemática la información *(inputs)* pero, como contrapartida, permite extraer información valiosa *(outputs)*.

Aplicaciones

Planificación agregada

Inputs

1 Necesidades de producto en cada periodo.
2 Existencias actuales.
3 Opciones de ajuste de existencias.
4 Capacidades.
5 Horas de máquina necesarias.
6 Opciones de ajuste de maquinaria.
7 Horas de personal necesarias.
8 Opciones de ajuste de personal.

Outputs

1 Cantidad de producción de cada tipo de producto.
2 Niveles óptimos de inventario.
3 Fuerza laboral óptima para acometer la producción.
4 Optimizar la tasa de productividad en relación con las capacidades.
5 Horizonte de planificación.
6 Detallar las medidas necesarias en cada tipo de circunstancia para alcanzar el objetivo.

La PAP puede ser bastante compleja. Suelen establecerse diferentes vías para su realización:

- **Intuitiva:** a través de hojas de cálculo en las que se prueban diversas opciones.
- **Programación matemática:** se introducen en las hojas de cálculo o ERP fórmulas que realizan el cálculo.
- **Programas o simuladores específicos:** se introducen los datos en simuladores especialmente desarrollados para este fin, lo que permite trabajar con mayor profundidad diferentes opciones.

¿Qué es el MRP II y cómo se aplica?

La **planificación de recursos de fabricación** o **MRP II** *(manufacturing resources planning)* es una herramienta de planificación integral en tiempo real.

Con el objetivo de optimizar los recursos, integra la visión del plan empresarial estratégico, el plan maestro de producción (PMP), la planificación agregada de la producción (PAP), el plan de requerimientos de material o CRP *(continuous replenishment programme)* y la programación de la producción.

Es una herramienta más amplia que el MRP I, ya que además de la información extraída de este, proporciona información instantánea para poder planificar, controlar, gestionar o programar todos los recursos para la fabricación, ofreciendo múltiples *outputs* para diversos departamentos.

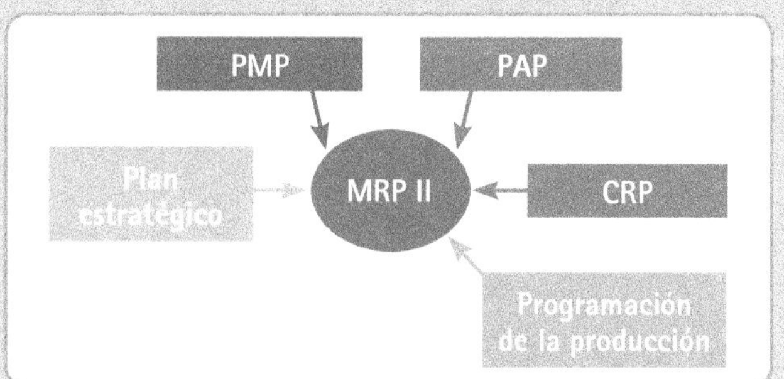

Aplicaciones

- Actualiza la planificación estratégica.
- Planifica los pedidos de los materiales y su frecuencia de aprovisionamiento.
- Prioriza y planifica las actividades de todos los recursos (personal, maquinaria o materiales, por ejemplo).
- Actualiza la capacidad disponible.
- Actualiza las órdenes de fabricación.
- Optimiza las existencias.
- Realiza cálculos de costos.
- Realiza cálculos sobre resultados financieros.
- Controla el transcurso adecuado del proceso.
- Vigila factores no previstos (devoluciones, roturas, fallos de calidad, etc.) actualizando los planes.

Anexos

Anexo c1. Ejemplo de BOM multinivel

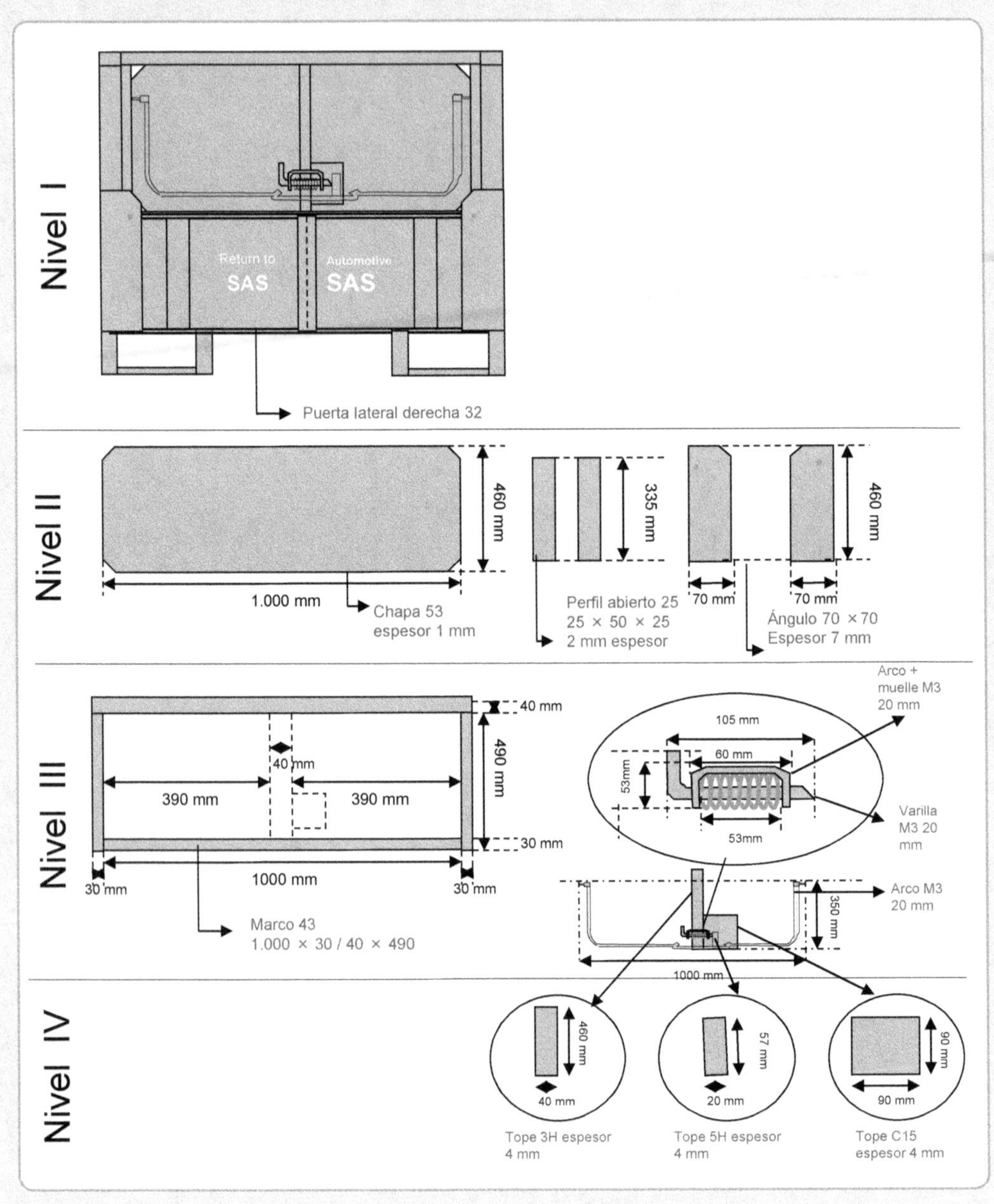

Véase la ficha C20 ¿Qué es la lista de materiales y cómo se utiliza?

Anexo c2. Ejemplo de orden de aprovisionamiento

Orden de aprovisionamiento				Número de solicitud		243123000	
IOS X	Proveedor **SUPERPLAST**	Código de proveedor **47430000**	Contacto **Alfonso Brugera**	Correo electrónico abruguera@superplast.com	Número de órden	Ocupación camión (%)	
	Destinatario **IOS X**	Código del cliente **47430000**	Contacto **Sergio de Dávila**	IOS X sded@iosx.com	231234	98,30	

Transportista	Día de carga	Hora llegada	Hora salida	Puerta/muelle	IOS X Día descarga	IOS X Hora llegada	IOS X Hora salida	IOS X Código entrada
Truck&Wheel	**12/4/25**	**16:00**	**18:00**	**M234**	**13/4/25**	**7:00**	**8:00**	**I-003**

Solicitud

Línea	Referencia proveedor	Referencia cliente	Descripción	Piezas/ envase	Envases requeridos	Total piezas	Piezas stock	Superplast Rotura actual de stock	IOS X Posibilidad de servicio
1	P103849040000	A639690 4053 7D43	PILAR-A D GR	36	11	**396**	324		No conforme
2	P103847040000	A639690 3953 7D43	PILAR-A I GR	36	11	**396**	324		No conforme
3	P103852150000	A639690 4253 7G91	PILAR-A D GRT	36	0	**0**	0		
4	P105634150000	A639690 5853 7G91	PILAR-A D WB GRT	36	0	**0**	0		
5	P103851150000	A639690 4153 7G91	PILAR-A I GRT	36	0	**0**	0		
14	P105633160000	A639690 5753 8K34	PILAR-A I WB KT	36	0	**0**	0		
15	P104786040000	A639690 5053 7D43	PILAR-B SUP D GR	96	1	**96**	96		Conforme
16	P108193040000	A639690 6953 7D43	PILAR-B SUP D GR KAWA	96	1	**96**	96		Conforme
17	P104788040000	A639690 4853 7D43	PILAR-B SUP D PAREDSEP GR	96	1	**96**	96		Conforme
18	P116802040000	A 639 690 85 53 7D43	PIL-B SUP D CE G	96	0	**0**	0		
19	P116809040000	A 639 690 89 53 7D43	PIL-B SUP D CE WB G	96	0	**0**	0		
20	P104780040000	A639690 4353 7D43	PILAR-B SUP I GR	32	3	**96**	96		Conforme
21	P104785040000	A639690 4953 7D43	PILAR-B SUP I KW GR	96	0	**0**	0		
22	P116808150000	A 639 690 90 53 7G91	PIL-B SUP I CE WB GT	96	0	**0**	0		
	Total envases y piezas				**52**	**2236**			

Proveedor	Conductor	Receptor	Datos entrega		
X_____________	X_____________	X_____________	Líneas pedidas **22** / Líneas no conforme 2	90.909	**MPM**

Véase la ficha C22 ¿Qué son las órdenes de aprovisionamiento?

Negociación para el comercio internacional
Cristina Peña Andrés

Manual del manipulador de alimentos
Blas Gómez

Manual de gestión del transporte y la logística
Lander Tolosa

La economía social y solidaria en Barcelona
Anna Fernàndez, Ivan Miró

Manual de seguridad en el trabajo
Marge Books

Cómo innovar en las pymes. Manual de mejora a través de la innovación
Alberto Tundidor Díaz

Guía documental para exportar e importar. Los 12 documentos clave
Alberto García Trius

Mass customization. Las claves de la personalización masiva
Blas Gómez Gómez

Crédito documentario. Guía para el éxito en su gestión
Cristina Peña Andrés, Amelia de Andrés Leal

Guía práctica de las reglas Incoterms® 2010
David Soler

Certificación Lean Six Sigma Green Belt para la excelencia en los negocios
Lean Six Sigma Institute, SC

Certificación Lean Six Sigma Yellow Belt para la excelencia en los negocios
Lean Six Sigma Institute, SC

Negociación intercultural. Estrategias y técnicas de negociación internacional
Domingo Cabeza, Pelayo Corella, Carlos Jiménez

Las reglas Incoterms® 2010. Manual para usarlas con eficacia
Alfonso Cabrera Cánovas

Regímenes aduaneros económicos y procesos logísticos en el comercio internacional
Pedro Coll

Inglés náutico normalizado para las comunicaciones marítimas
José Manuel Díaz Pérez

Shipping & Commercial Case Law
Albert Badia

Gestión medioambiental en la industria
José M.ª Suris

Gestión financiera del comercio internacional
Josep M.ª Casadejús

Manual de gestión aduanera. Normativas del comercio internacional y modelos de integración económica
Pedro Coll

Los abordajes en la mar
Carlos F. Salinas

El desorden sanitario tiene cura. Desde la seguridad del paciente hasta la sostenibilidad del sistema sanitario con la gestión por procesos
Rajaram Govindarajan

Gestión y liderazgo en una empresa de seguros
Simón Mahfoud y Digna Peña

MARGE BOOKS
Avda. Alcalde Moix, 28 – 08207 Sabadell (Barcelona) – Tel. +34-931 429 486 – marge@margebooks.com – www.margebooks.com